COLLECTION

DE

TABLEAUX ANCIENS

Et Dessins

OBJETS D'ART, CURIOSITÉS

Miniatures, Bijoux

Bronzes, Sculptures, Porcelaines, Cadres

DES XVIe, XVIIe ET XVIIIe SIÈCLES

BRONZE DE BARYE

EXPOSITION : HOTEL DROUOT, SALLE N° 10

Le Dimanche 21 Mars 1897

Me Maurice DELESTRE
COMMISSAIRE-PRISEUR
Rue Saint-Georges, 5

M. B. LASQUIN
EXPERT
Rue Laffitte, 12

PARIS — 1897

IMPRIMERIE MAULDE ET RENOU

MAULDE, DOUMENC & Cie

IMPRIMEURS DE LA COMPAGNIE DES COMMISSAIRES-PRISEURS

Rue de Rivoli, 144 — Paris

CATALOGUE

D'UNE COLLECTION DE

TABLEAUX ANCIENS

ET DESSINS

De l'École française du XVIIIe siécle

PAR DROLLING, CRESPIN, DUPLESSIS
GARNIER, MALLET, PERNET, PIGAL, SCHALL, RIGAUD, SENAVE
SWEBACH, THÉOLON
TRINQUESSE, VALLIN, WATTEAU DE LILLE

Et des Écoles flamande et hollandaise

PAR VAN BALEN
TH. MICHAU, PETER NEEFS, NETSCHER, SCHOEVAERDTS, ETC.

Petits Portraits des XVIe et XVIIe siècles

VUES DE PARIS

OBJETS D'ART ET CURIOSITÉS

Miniatures, Fixés, Gouaches, Boîtes
Bijoux, Bronzes, Sculptures en ivoire, Porcelaines
Bronze de Barye, Baromètre Louis XVI
Cadres en bois sculpté. Objets divers anciens

DONT LA VENTE AURA LIEU

HOTEL DROUOT — SALLE N° 10

Les Lundi 22 et Mardi 23 Mars 1897, à 2 heures

Me Maurice DELESTRE COMMISSAIRE-PRISEUR Rue Saint-Georges, 5	**M. B. LASQUIN** EXPERT Rue Laffitte, 12

CHEZ LESQUELS SE TROUVE LE PRÉSENT CATALOGUE

EXPOSITION PUBLIQUE

Le Dimanche 21 Mars 1897, de 1 heure 1/2 à 5 heures 1/2

PARIS — 1897

CONDITIONS DE LA VENTE

Elle sera faite au comptant.

Les Acquéreurs paieront CINQ POUR CENT en sus des adjudications.

MAULDE, DOUMENC et Cie, imprimeurs de la Cie des Commissaires-Priseurs
rue de Rivoli, 144 500—65182

DÉSIGNATION

TABLEAUX ET DESSINS

BALEN (Hendrick Van)

1 — Portrait de Gaspard de Crayer.

Représenté en buste, la tête légèrement tournée à gauche, regardant le spectateur, chevelure blonde, collerette tuyautée, vêtu d'un pourpoint à crevés, avec manteau rouge sur l'épaule gauche.

Petite peinture d'un beau caractère, signée et datée de 1660, dans un joli cadre ancien en bois sculpté et doré.

Cuivre forme ovale.

H. $0^{m}12$; L. $0^{m}09$.

BAUDOUIN (D'après)

2 — Le Lever.

Gouache.

H. $0^{m}22$; L. $0^{m}18$.

BILCOCQ

3 — Le Repas à la ferme.

Bois : H. $0^{m}15$; L. $0^{m}18$.

BOUCHER (École de)

4 — La douce Résistance.

Une bergère se défend contre les entreprises d'un galant berger, près d'eux un chien.

Bois forme ronde : Diam. 0m15.

BOURGEOIS

5 — L'Enlèvement de Proserpine par Pluton.

Toile : H. 0m24; L. 0m32.

BRUEGHEL

6 — Paysage avec figures.

Au premier plan, un groupe de cinq figures et une charrette attelée d'un cheval sur une route.

Très fine peinture.

Cuivre : H. 0m13; L. 0m16.

COFFART

7 — Vue de Paris.

Prise de la Tour de Nesle, à gauche. Vue sur la Seine et le Pont-Neuf.

H. 0m11; L. 0m14 1/2.

COQUES (Attribué à GONZALES)

8 — Portrait d'homme.

En buste, la tête presque de face, chevelure retombant sur les épaules, collerette unie, manches de toile blanche.

Cuivre ovale : H. 0m12; L. 0m08 1/2

COULON (L.). 1850

9 — Le Violoncelliste.

Bois : H. 0m27; L. 0m23.

CRESPIN

10 — Paysage.

Au premier plan, un gros chêne contourné par un chemin avec deux figures.

11 — Paysage (pendant du précédent).

Un chemin montant entre un monticule à gauche et gros chêne à droite.

Bois : H. 0m26; L. 0m26 1/2.

CRESPIN

12 — La Cascade.

13 — Clairière en forêt.

Deux pendants.

Bois : H. 0m 21; L. 0m33.

DEBUCOURT (Attribué à)

14 — Intérieur d'auberge.

Dans une salle éclairée par une fenêtre, au fond, une servante en robe rouge, écoute les propos d'un galant militaire. Un homme assis les regarde.

Au milieu de la pièce un poêle de faïence.

A droite, un autre militaire et un panier de provisions.

Collection Duval Le Camus.

Bois : H. 0m14; L. 0m11.

DROLLING

15 — La jolie Jardinière.

Debout près d'une barrière de bois, en jupe rouge, corsage décolleté, coiffée d'un chapeau de paille, elle porte au bras un panier de fleurs.

Fond de paysage.

Ravissante petite peinture sur papier, portant au revers l'indication qu'elle aurait été donnée par Drolling à Boilly.

H. $0^{m}16$; L. $0^{m}11$.

DROLLING

16 — Rose et Colas.

Une jeune villageoise en jupe jaune, portant des roses dans son tablier, paraît s'enfuir vers les maisons du village.

17 — Un jeune Paysan une bêche à la main paraît implorer la jeune villageoise.

Deux charmants petits tableaux.

Bois : H. $0^{m}17$; L. $0^{m}14$.

DUPLESSIS

18 — Halte de cavaliers.

Deux cavaliers, l'un descendu de sa monture, sont arrêtés près d'une cantine dans la campagne.

A droite une femme, des enfants et un chien.

Bois : H. $0^{m}10$; L. $0^{m}13$.

DUPLESSIS

19 — Halte de cavaliers.

Bois : H. $0^{m}19\ 1/2$; L. $0^{m}27$.

ÉCOLE FRANÇAISE (XVIIIe siècle)

20 — Intérieur de parc.

Animé de figures, orné d'une statue, le fond occupé par une chapelle.

Bois : H. 0^{m}28; L. 0^{m}20.

ÉCOLE FRANÇAISE (XVIIIe siècle)

21 — L'Autel de Vénus.

Bois : H. 0^{m}17; L. 0^{m}12.

ÉCOLE FRANÇAISE (XVIIIe siècle)

22 — Tête d'homme.

Tête barbue, maillot bleu recouvert d'un manteau rouge bordé de fourrure.

Petite gouache ovale.

H. 0^{m}10; L. 0^{m}09.

ÉCOLE FRANÇAISE (XVIIIe siècle)

23 — Jeune Femme en buste, chevelure bouclée, coiffée d'un madras.

Bois : H. 1^{m}35; L. 0^{m}98.

ÉCOLE FRANÇAISE (XVIIIe siècle)

24 — Jeune Fille éplorée.

Bois : H. 1^m,65; L. 1^{m}22.

ÉCOLE FRANÇAISE (XVIIIe siècle)

25 — Vertumne et Pomone.

Peinture sur métal, de forme ovale.

H. 0^{m}19; L. 0^{m}15.

ECOLE FRANÇAISE (XVIIIe siècle)

26 — Promeneurs dans un parc.

Toile : H. 0[m]29; L. 0[m]37.

ÉCOLE FRANÇAISE

27 — Vénus caressée par l'Amour.

Bois : H. 0[m]19; L. 0[m]13 1/2.

ÉCOLE FRANÇAISE

28 — Jeune Villageoise en buste, en corsage décolleté, coiffée d'un bonnet blanc.

Dessin au crayon noir, relevé de sanguine.

Diam. 0[m]12.

ÉCOLE HOLLANDAISE

29 — Tête de vieille femme.

Bois : Diam. 0[m]08.

ÉCOLE HOLLANDAISE

30 — Portrait de femme en buste.

Bois : H. 0[m]16 1/2; L. 0[m]13.

ÉCOLE ALLEMANDE

31 — Portrait de *Raymondus*, de *Sangro Princeps Sancti Severi*.

Représenté dans un médaillon, sur une console de pierre, avec cartouche armorié, la main droite appuyée sur un bâton de commandement, revêtu d'un manteau d'hermine.

Cuivre : H. 0[m]24; L. 0[m]17.

FRANCK

32 — Vertumne et Pomone.

Pomone, appuyée sur un tertre, écoute Vertumne qui, sous les traits d'une vieille femme, assise au pied d'un arbre, tente de la séduire.

Fond de charmilles.

Petite peinture d'une précieuse exécution.

Cuivre : H. $0^{m}18$; L. $0^{m}10$.

FRANCK

33 — Hommages à Vénus.

De nombreux jeunes couples, en riches costumes, entourent la statue de Vénus.

Cadre ancien.

Cuivre : H. $0^{m}24$; L. $0^{m}18$.

GARNIER

34 — La Lettre surprise.

Une jeune femme en robe de satin blanc, le bras gauche accoudé sur une table, tenant encore la plume à la main reste interdite; elle a sans doute été surprise par sa mère pendant la rédaction d'un billet doux, car celle-ci, debout derrière elle, lui montre l'objet de sa faute et paraît lui faire des remontrances.

Sur la table, un vase de fleurs.

Un petit chien est au premier plan.

Bois : H. $0^{m}32$; L. $0^{m}26$.

GARNIER

35 — Le Billet doux.

Dans un intérieur, une jeune fille profite du sommeil de sa mère, assoupie sur un livre, pour remettre un billet à un galant que l'on aperçoit par la porte entre-baillée.

A terre, une guitare et un cahier de musique sur un tabouret.

Bois : H. 0m36 1/2; L. 0m29 1/2.

GOYEN (Attribué à Van)

36 — Promeneurs et Cavalier dans la campagne.

Bois : H. 0m14; L. 0m17.

GRUND (de Prague)

37 — Le Roulier.

1° Charrette traînée par deux chevaux sur une route.

38 — 2° Le même attelage, arrêté près d'une rivière; quatre paysans se reposent près d'un tertre.

Deux pendants. Bois : H. 0m12; L. 0m16.

HOLBEIN (École de)

39 — Portrait d'Homme en buste.

La tête presque de face, avec la barbe, coiffée d'une toque noire.

Intéressant portrait provenant de la collection Ensminger.

Bois forme ronde : Diam. 0m10.

HUET

40 — L'heureuse Famille.

Devant la porte d'une chaumière, un villageois tient son enfant à califourchon sur une chèvre, pendant que la mère, agenouillée, lui tend les bras.

Gouache : H. 0m20; L. 0m17.

MALLET

41 — Le Messager.

Dans une salle gothique, une châtelaine, debout, portant un plateau et une aiguière, vient de verser un rafraîchissement à un jeune page qui, assis, élève son verre.

Bois : H. $0^{m}22$; L. $0^{m}19$.

MICHAU (Théobald)

42 — Le Chemin creux.

Au tournant d'un chemin passant au pied d'un tertre planté de grands arbres à gauche, un berger conduit son troupeau.

Le fond du paysage, vivement éclairé, est borné par des montagnes.

Bois : H. $0^{m}14$; L. $0^{m}11$.

MIÉRIS (Attribué à)

43 — Portrait d'une Dame de la Cour.

En riche costume : robe en brocart ornée de pierreries, manteau de velours bleu doublé d'hermine, qu'elle tient relevé de la main gauche; le bras droit sur un piédestal supportant un vase de fleurs.

Beau cadre Régence en bois sculpté et doré.

Cuivre : $0^{m}18$ 1/2 : L. $0^{m}14$.

NEEFS (Peter)

44 — Intérieur d'une Cathédrale animé de figures.

Deux petites peintures sur cuivre, de la plus grande finesse d'exécution.

H. $0^{m}12$; L. $0^{m}16$.

NETSCHER

45 — Portrait d'une Dame de qualité.

En buste, corsage blanc bordé de guipure, l'épaule recouverte d'un manteau de velours brodé.

Longue chevelure blonde retombant sur les épaules.

Cuivre ovale : H. $0^{m}22$; L. $0^{m}17$.

NETSCHER (Attribué à)

46 — Portrait présumé de Mme de Maintenon.

Assise, accoudée sur un coussin rouge.

Cuivre ovale : H. $0^{m}23$; L. $0^{m}17$.

OSTADE (Attribué à)

47 — Paysage flamand.

Petite peinture de forme ronde.

Diam. $0^{m}08$.

PERNET

48 — Intérieur d'un Palais antique, animé de figures.

Dessin à la plume et à l'aquarelle, de forme ronde.

Diam. $0^{m}19$.

PIGAL

49 — Tu raisonnes, je crois ?

Un vieux royaliste, en habit bleu, semble interpeller un portefaix portant ses crochets coiffé d'un feutre avec cocarde tricolore, debout devant lui les bras croisés.

La scène se passe sur un quai de Paris.

Toile : H. $0^{m}28$; L. $0^{m}22$.

PRUDHON (Attribué à)

50 — Portrait d'Homme en buste de trois quarts, à droite.

Dessin au crayon et à l'estompe.

H. $0^{m}52$; L. $0^{m}41$.

RIGAUD

51 — Portrait d'un personnage de la cour.

Représenté à mi-jambes, debout, vêtu d'un grand manteau de velours violet brodé d'or, qu'il tient relevé de la main droite. Le cordon de Saint-Louis autour du cou. La main gauche appuyée sur une console de pierre. La tête presque de face, coiffé de la grande perruque poudrée, cravaté de dentelles.

Au fond, à droite, la vue d'un palais avec statues et balustrade.

Toile : H. 0^{m},53 ; L. 0^{m},42.

SCHALL

52 — Rêverie.

Dans un coin de parc, orné de treillages et de bosquets, une jeune femme en robe rose et coiffée d'un chapeau de paille garni de fleurs, est assise sur un banc. Elle a interrompu la lecture d'un livre qu'elle tient de la main gauche, et jette ses regards vers une statue du dieu Pan placée à sa droite.

Derrière le banc, un pot de fleurs sur une table de pierre, un autre vase de fleurs est posé à terre.

Agréable peinture digne du pinceau de Fragonard.

Toile : H. 0^{m},32 ; L. 0^{m},24.

SCHŒVAERDTS

53 — La Chasse au Faucon.

Sur un chemin longeant une rivière dont la rive opposée est dominée par un château et des collines plusieurs chasseurs accompagnent une dame de qualité.

Au premier plan, une charrette de paysans, un mendiant assis sur le bord du chemin.

D'autres figures sont disséminées dans le paysage et dans des barques sur la rivière.

Ce charmant tableau, d'une tonalité claire, est signé en toutes lettres et daté de 1733.

Il provient de la vente COUVREUR ainsi que le suivant,

Cuivre : H. $0^m,25$; Larg. $0^m,33$

SCHŒVAERDTS

54 — La Route du Marché.

Paysage accidenté traversé par une rivière dont la rive gauche escarpée est occupée par une chemin conduisant à un manoir.

Au premier plan, une réunion de villageois debout ou assis. Plus loin, trois autres paysans reviennent du marché et conduisent un baudet chargé d'un bât.

Pendant du tableau précédent et de même tonalité, également signé en toutes lettres et daté 1733.

Cuivre : H. $0^m,25$; Larg. $0^m,33$.

SENAVE

55 — Vue de Paris.

La vue est prise de l'angle de l'ancien Pont-au-Change occupé par le magasin d'un marchand épicier. Elle s'étend sur le petit bras de la Seine traversée par le Pont-Neuf. A gauche, le quai des Grands-Augustins. A droite, le quai des Orfèvres. Au fond, les bâtiments du Louvre.

Devant le magasin, un commis fait griller du café

sous la surveillance de son patron, debout sur le pas de sa porte.

Deux ménagères achètent des pommes à une marchande accompagnée d'une femme et d'un enfant, ayant son étal contre la maison.

A gauche, une marchande d'habits fait affaire avec un homme à longue redingote; deux autres marchandes ambulantes, dont l'une assise sur une pierre, causent ensemble.

Au premier plan, un chien.

Tableau très soigné, plein d'animation, et donnant la physionomie, pour ainsi dire, stéréotypée d'un coin de Paris à la fin du XVIIIe siècle. La signature de l'artiste se lit à gauche sur la dalle où est assise une marchande.

Toile : H. 0m,47; Larg. 0m,54.

SENAVE

56 Intérieur villageois avec un marchand d'orviétan.

Bois : H. 0m,14; L. 0m,11.

SWEBACH

57 — Halte au campement.

Des soldats sont attablés près d'une cantine. L'un d'eux courtise une servante, un cavalier prend le coup de l'étrier.

Bois : H. 0m,12; L. 0m,17.

SWEBACH

58 — Le Déjeuner en forêt.

Toile : H. 0m,24; L. 0m,32.

THÉOLON

59 — Les Baigneuses.

Sept jeunes femmes sont réfugiées dans une grotte où un cours d'eau retombe en cascade.

Deux d'entre elles se baignent. Les autres, revêtues de peignoirs, sont debout ou assises au bord de l'eau.

Par la voûte de la grotte, on aperçoit un paysage borné par des collines.

Toile : H. $0^{m},38$; Larg. $0^{m},47$.

TRINQUESSE

60 — Jeune Femme en buste.

De face. Chevelure blonde, fichu de mousseline blanche sur les épaules.

Ovale : H. $0^{m}18$; L. $0^{m}16$.

VALLIÈRE (1780)

61 — Portrait d'un personnage en habit de cour.

De profil à gauche, à mi-corps, en habit bleu.
Dessin rehaussé d'aquarelle et de gouache.

Ovale : H. $0^{m}13$; L. $0^{m}10$.

62 — Portrait d'un Officier.

De profil, à gauche, la main droite passée dans son gilet, habit bleu à épaulettes.

Ovale : H. $0^{m}13$; L. $0^{m}10$.

VALLIN

63 — Nymphes et Amours.

Une nymphe nue, couchée au pied d'un arbre, est lutinée par un amour. Une seconde nymphe joue d'un instrument de musique.

Bois : H $0^{m}20$; L. $0^{m}16$.

VALLIN

64 — Offrande à Pan.

Trois jeunes femmes apportent leurs offrandes à une statue de Pan, près de laquelle un brûle-parfums.

Bois : H. 0m20 ; L. 0m16.

VERNET (Carle)

65 — Cavalier en promenade.

66 — Piqueur à cheval.

Deux pendants.

H. 0m22 ; L. 0m17.

WATTEAU, de Lille (Attribué à)

67 — Le Repas champêtre.

Près d'une maison rustique, à gauche, ombragée par des grands arbres, une joyeuse réunion de onze villageois.

Quatre sont attablés pendant que cinq autres exécutent une ronde au son des instruments de deux musiciens assis sur un mur.

A droite, s'étend un paysage coupé par une route au bord de laquelle est dressée une pyramide.

Charmante peinture d'une coloration claire.

Bois : H. 0m37 ; L. 0m46.

68 — Trois Gravures de Bartolozzi imprimées en couleurs sur satin. *Meekness* et *Beauty*, d'après Cipriani. — *Astronomy*, d'après Violet.

MINIATURES, BOITES, BIJOUX

69 — Belle Miniature ronde sur ivoire, attribuée à HALL; portrait de femme en buste, de face, chevelure retenue par un ruban bleu, corsage décolleté.

Diam. : 65 millim.

70 — Boîte ronde en ivoire, avec miniature, portrait de jeune femme en buste, le visage souriant, la chevelure ornée de fleurs.

Miniature : H. 45 millim. ; L. 37 millim.

71 — Boîte ronde en poudre d'écaille imitant le porphyre, avec miniature ovale sur ivoire, portrait de jeune femme du temps de Louis XVI, en corsage mauve avec nœud de ruban bleu, chevelure poudrée.

Boîte : Diam. 75 millim.
Miniature : H. 42 millim. ; L. 56 millim.

72 — Boîte ronde en poudre d'écaille verte pointillée, ornée d'une miniature sur ivoire : jeune villageoise et chèvres près d'un puits.

Diam. : 75 millim.

73 — Boite ronde en écaille blonde piquée d'or, avec miniature Louis XVI, ovale; jeune fille agenouillée, tenant une guirlande, devant un autel.

Boite : Diam. : 60 millim.
Miniature : H. 45 millim. ; L. 35 millim.

74 — Boite ronde, Louis XVI, en écaille blonde pointillée d'or, dessus avec bas-relief en cire blanche : Offrande à l'Amour.

Diam. : 65 millim.

75 — Boîte ronde, Louis XVI, en écaille blonde pointillée d'or.

76 — Tabatière Louis XV, en écaille brune, couvercle incrusté et posé d'argent, à sujet de deux figures dans un encadrement rocaille.

77 — Boîte plate et octogone, en agate et jade sculpté, montée en argent.

78 — Drageoir ovale Louis XIV, en fer incrusté d'argent, à figures et ornements.

79 — Fixé de forme ronde, par Drolling, portrait de l'artiste par lui-même En buste, assis, le corps tourné à gauche, la tête de trois quarts, habit marron à revers gris, jabot et cravate de dentelle, chevelure poudrée.

Diam. : 8 cent.

80 — Deux Miniatures ovales représentant : l'une, une corbeille de fleurs et des grenades; l'autre, des raisins et des pêches.

H. 10 cent.; L. 8 cent.

81 — Deux petites Peintures ovales de l'époque Louis XV la Déclaration et l'Oiseau apprivoisé.

H. 8 cent. 1/2; L. 7 cent. 1/2.

82 — Deux Fixés de forme ronde : Marines hollandaises. Cadres en bronze.

Diam. : 9 cent.

83 — Petite Peinture sur cuivre, de forme ronde : Vase de fleurs et Nid d'oiseau sur une console.

Diam. : 8 cent.

84 — Miniature rectangulaire sur vélin : Portrait de femme du temps de Louis XV, assise, en corsage rose, un petit chien sur ses genoux.

H. 57 millim.; L. 67 millim.

85 — Miniature sur vélin, de forme rectangulaire : Portrait d'un souverain, à mi-corps, en habit bleu, manteau d'hermine.

H. 52 millim.; L. 72 millim.

86 — Miniature rectangulaire sur vélin, du XVIIIe siècle: Portrait de femme debout, à mi-corps, portant un chien. Cadre en bois doré.

H. 60 millim.; L. 40 millim.

87 — Miniature ovale sur vélin, de l'époque Louis XV : Jeune femme à mi-corps, les seins découverts, accompagnée d'un négrillon.

H. 65 millim.; L. 80 millim.

88 — Miniature ovale sur ivoire, époque Louis XV : Jeune femme en buste, à gauche, corsage blanc, chevelure bouclée retombant sur les épaules.

H. 70 millim.; L. 55 millim.

89 — Miniature sur vélin : Portrait de Henri III en pied.

H. 15 c. 1/2; L. 8 cent.

90 — Miniature sur vélin : Portrait en pied de Henri, prince de Navarre.

H. 15 cent.; L. 10 cent.

91 — Dessin à la plume du XVIe siècle : Femme debout jouant du luth. Bordure ancienne en bois sculpté.

92 — Miniature ronde sur ivoire : Portrait d'un Musicien jouant de la mandoline.

Diam. 68 millim.

93 — Miniature ronde sur ivoire : Portrait de jeune Femme, époque Louis XVI en buste, la gorge découverte. Cadre en bronze doré.

Diam 55 millim.

94 — Miniature ronde sur ivoire, époque Louis XVI : Portrait d'une jeune Femme en buste, en corsage bleu.

Diam. 58 millim.

95 — Miniature ovale Louis XVI : Portraits d'une jeune Fille et d'un Garçon, dans un médaillon doré.

96 — Miniature ovale : Portrait de jeune Femme, époque Louis XVI, en buste, haute coiffure ornée de perles.

97 — Miniature ovale Louis XVI : Portrait de jeune Femme en buste.

98 — Petite Miniature sur vélin, forme ovale, attribuée à PETITOT : Tête du Grand Dauphin.

99 — Deux petites Miniatures ovales sur ivoire : Portrait de Marmontel (1760), et portrait de jeune Femme en buste.

100-101 — Cinq petits Émaux ovales : Vénus et l'Amour ; portraits réunis d'une jeune Fille et d'un jeune Garçon, époque Louis XVI ; Amours sur un nuage et deux têtes de Femmes, dont une montée en broche.

102 — Trois Miniatures de l'époque Louis XVI : Portraits d'Hommes dans des cadres en bois noir.

103 — Miniature ronde, attribuée à ISABEY : Portrait du Roi de Rome en buste.

104 — Miniature ronde : Bouquet de fleurs dans une corbeille.

105 — Deux Gouaches de forme ronde attribuées à Van Pol : Corbeilles de fleurs et fruits.

106 — Miniatures ovale Louis XVI : Nymphe lutinée par un Amour.

107 — Deux Fixés de forme ronde : Ports de mer avec figures. Cadres en cuivre doré.

108 — Boite oblongue avec fixé sur le couvercle : Ville antique avec figures.

109 — Fixé de forme ronde : Débarquement dans un port de mer.

110 — Deux petites Gouaches de forme ronde, sujets dans le goût de Watteau.

111 — Gouache rectangulaire : Six personnages Louis XV dans un parterre.

112 — Fixé rectangulaire : Le Jardin des Tuileries.

113 — Fixé rectangulaire : La Route de Saint-Cloud, d'après Carle Vernet, et une petite gouache ovale : Jeune femme Louis XVI.

114 — Miniature carrée époque Louis XVI : Portrait d'homme en buste, en habit rouge.

115 — Miniature ovale sur ivoire : Portrait de Mme Récamier, par Guérin (signée), à mi-corps, le bras gauche accoudé.

116 — Miniature ovale dans un médaillon : Portrait d'homme, époque Louis XVI.

117 — Miniature ovale : Portrait de jeune fille, époque Louis XVI, en buste.

118 — Miniature ronde du temps de l'Empire : Portrait d'homme tenant un rouleau de musique.

119 — Miniature ronde : Portrait d'homme de l'époque de la Révolution, en buste.

120 — Miniature ovale sur ivoire, époque Louis XVI : Vénus et l'Amour.

121 — Miniature ronde sur ivoire : Baigneuse surprise.

122 — Petite miniature dans le genre de Petitot : Portrait de femme, époque Louis XIV.

123 — Fixé rond : Vue d'un palais au bord d'une rivière.

124 — Fixé rond : Intérieur de cuisine.

125 — Petite aquarelle ronde attribuée à Nicolle : Vue de Paris prise du quai Conti.

126 — Miniature sur ivoire : Portrait de femme en buste, du temps de l'Empire, chevelure blonde et robe blanche.

127 — Miniature sur ivoire : Portrait de femme de la fin du xviiie siècle, à mi-corps, bonnet à rubans bleus.

128 — Miniature ovale, signée J.-B. Isabey : Portrait de jeune femme en buste, en corsage rouge, collier d'émeraudes.

129 — Portrait de jeune femme peint à l'aquarelle et signé Isabey. Forme ovale.

130 — Trois Portraits de femmes, miniatures du temps de l'Empire.

131 — Deux miniatures ovales : Portraits de femmes du temps de l'Empire.

132 — Miniature rectangulaire sur ivoire : Jeune Femme tenant une couronne de fleurs.

133 — Miniature ovale Louis XVI : Jeune Femme tenant un chat.

134 — Miniature ronde sur ivoire : Portrait de Mme Pellerault tenant son fils sur ses genoux, par Mme Legrand.

135 — Miniature ronde : Portrait d'un Conventionnel, en buste.

136 — Miniature ronde : Portrait d'homme du temps de l'Empire.

137 — Miniature en grisaille sur fond noir : Deux têtes d'enfants et une tête de femme.

138 — Miniature ovale sur ivoire, signée Fragonard : Jeune Femme écrivant sous la dictée de l'Amour.

139 — Miniature ovale sur ivoire, de l'école anglaise du XVIIIe siècle : Jeune Femme endormie.

140 — Miniature carrée : Jeune Femme assise, coiffée d'un chapeau de paille, lutinée par un Amour.

141 — Deux petites Peintures rectangulaires, en hauteur, de l'école hollandaise (attribuées à Mierevelt) : Portrait de dame et Portrait d'homme représentés à mi-jambes, en costumes de soie noire ornés de guipures.

142 — Petite Peinture sur cuivre, de l'époque Louis XIII : Portrait de Jeune Femme en buste, corsage jaune et grande collerette. Cadre de l'époque en bois doré, de forme ovale.

143 — Petite Peinture sur cuivre, de forme ovale : Portrait de jeune Femme à mi-corps, de l'époque Louis XV.

144 — Petite Peinture ovale sur cuivre, de l'époque Louis XIV : Portrait de jeune Femme en buste, corsage avec bande de guipure.

145 — Petite Peinture sur cuivre : Portrait d'une princesse de la Cour d'Angleterre, en buste, en costume Henri III.

146 — Quatre petits Portraits d'hommes de l'époque Louis XIII, peints sur cuivre, de forme ovale.

147 — Miniature ovale : Portrait d'une dame hollandaise avec collerette tuyautée.

148 — Dessus de Boîte ovale en écaille piquée d'or, avec miniature : Baigneuse endormie.

149 — Dessus de Boîte forme ronde, en vernis Martin : Amours guerriers.

150 — Petite Peinture ovale du XVIIIe siècle : *le Baiser*.

151 — Deux petites Peintures par F. VALMORT : *Trop timide* et *Trop hardi*.

152 — Deux Miniatures : Jeune Femme en buste et tête d'homme à collerette.

153 — **JOLIE MONTRE** anglaise, à répétition, de l'époque Louis XV, à boîtier en or repercé à jour, et double boîtier en or repoussé, représentant Mars et Vénus, entouré d'ornements rocaille. Avec enveloppe en écaille.

154 — Deux Salières ovales Louis XVI, en argent estampé, à figures d'enfants et guirlandes.

155 — Une petite Coupe à piédouche et à bord festonné, en argent repoussé et gravé.

156 — Petite Boîte rectangulaire en émail de Saxe, entièrement décorée de paysages avec figures. Monture en argent.

157 — Petite Boîte en émail de Saxe, fond vert, avec ornements rocaille d'émail blanc.

BRONZES, CURIOSITÉS

158 — Deux très jolis Groupes en bronze ciselé et doré de l'époque Louis XVI, connus sous le nom de *Baisers de Houdon*, sur piedouche en bronze, socles en marbre bleu turquin, à bande striée et rang de perles.

H. totale : 24 cent. et 22 cent. 1/2.

159 — **BARYE.** Paysan du moyen âge.

H. 31 cent.; Long. 20 cent.
Très belle épreuve ancienne patine médaille.

160 — Vase d'après l'antique, à figures en relief, en bronze, de *Barbedienne*

H. 22 cent. 1/2.

161 — Statuette de l'Archange Michel terrassant Satan, Bronze du XVIIe siècle.

H. 20 cent. 1/2.

162 — Deux Médaillons en marbre blanc, avec portraits

appliques de femme et d'homme de profil, en bronze ciselé et doré, de l'époque Louis XVI.

Diam. : 133 millim.

163 — Emblème maçonnique, de forme circulaire, ajourée, en bronze doré, offrant un compas, le pélican, allégorie de la Charité, un vase, une épée, un brûle-parfums posés sur un pont jeté sur une rivière. Autour l'inscription : *Virtus Vindicavit inocens, Libertas, Captivitas*. Attaché avec nœud de ruban. XVIIIe siècle.

Diam. : 70 millim.

164 — Un petit Cachet argenté, un petit buste de femme en bronze argenté.

165 — Deux Mascarons bronze doré et trois petits Cachets anciens.

166 — Chapelet ancien en corail et filigrane d'argent.

167-171 — Onze Gardes de sabres en bronze, acier et métal, de diverses formes et d'ornementation variée, de travail japonais.

172 — Cage de sablier à cinq balustres, en bronze ciselé et doré. Style Louis XIII.

173 — Petit Encrier à trépied, en bronze italien.

174 — Deux Appliques Louis XIV, en bronze ciselé et doré, formées chacune d'un mascaron tête de femme avec draperie et cartouche.

H. 7 cent.; L. 8 cent. 1/2.

175 — Deux petits Porte-Montres Louis XVI, forme lyre, avec carquois, couronnes de lauriers et rubans, en bronze ciselé et doré.

H. 13 cent.; L. 6 cent. 1/2.

176 — Deux petits Cadres à miniature, forme ovale, entourés de branches de lauriers et de rubans, bronze ciselé et doré. Louis XVI.

177 — Petit Cadre analogue aux précédents et un Porte-Montre en bronze doré.

178 — Médaillon Louis XVI, ovale, en argent et strass, à nœud de ruban.

179 — Médaillon en Wedgwood : Berger assis.

180 — Médaillon buste de Voltaire, en biscuit noir de Wedgwood, cadre ovale en cuivre doré.

171 — Médaillon en bois sculpté, buste de profil à droite d'un prince de Hollande.

182 — Petite Bourse en filigrane doré.

183 — Cachet en argent ciselé, surmonté d'un lion.

184 — Casse-Noisettes ancien en cuivre gravé.

185 — Deux petits Bracelets de meuble Empire, en bronze ciselé et doré, offrant chacun deux mascarons têtes de zéphirs

H. 43 cent.; L. 58 cent.

186 — Cadre ovale à miniature, Style Louis XVI, en bronze ciselé et doré à rais de cœur et rubans.

187 — Un Cadre à miniature ovale, style Louis XVI, en bronze doré, à fleurs et rubans.

188 — Deux Bas-Reliefs rectangulaires en plomb, représentant deux sujets de bataille sous Louis XIV, d'après Van der Meulen. Bordures en cuivre à feuillages et oves.

H. totale 155 millim.; L. 195 millim.

PORCELAINES

189 — Deux petits Vases à piédouche posés sur des petits piédestaux, en ancienne porcelaine de Mennecy, à décors de fleurs.

H. totale 11 cent.

190 — Petit Vase ovoïde sur son piédestal en ancienne porcelaine de Saxe, décor à guirlandes et rubans.

191 — Petit Flacon formé d'une figurine en porcelaine de Chelsea.

192 — Figurine de danseur masqué en ancienne porcelaine de Frankenthal, culotte mauve et habit jaune.

H. 125 millim.

193 — Petite Boîte en vieux Saxe, décorée sur toutes faces de petits sujets à figures d'enfants, ainsi qu'à l'intérieur. Monture à charnière en argent.

194 — Petite Cafetière et sa Soucoupe en vieux Chine, émaillée rose, décor au coq.

195 — Deux petites Théières en vieux Japon, de décors variés.

196 — Six Tasses et leurs Soucoupes en vieux Chine, décorées en émaux de couleurs, de lambrequins et d'arbustes fleuris.

197 — Plateau ovale en Wedgwood, fond bleu.

198 — Quatre Soucoupes en ancienne porcelaine de Sèvres, pâte tendre, décorées de fleurs.

SCULPTURES

199 — Statuette de Madone portant l'Enfant Jésus, ivoire sculpté du XVIIe siècle. Socle en bois noir.

H. de la statuette : 23 cent.

200 — Statuette de la Vierge portant l'Enfant Jésus, buis sculpté portant des traces de dorure. XVIIe siècle.

H. 17 cent.

201 — Fragment de cadre ou de meuble en buis sculpté du XVIe siècle, à tête chimérique, figure d'Amour et guirlandes.

202 — Trois Figurines de Madone et sainte Anne, en bois sculpté du XVIIe siècle.

203 — Plaque d'ivoire sculpté du XVe siècle, représentant en deux registres la Nativité et le Christ en croix, sous trois ogives.

H. 155 millim.; L. 70 millim.

204 — Statuette d'Enfant endormi sur une draperie, ivoire sculpté du XVIIe siècle.

205 — Dessus de Boîte ronde, en ivoire sculpté : Intérieur de cabaret et une petite tête de mort.

206 — **BEAU BAROMÈTRE** en bois sculpté et doré de l'époque Louis XVI. Le cadran retenu par une draperie ornée d'un nœud de ruban et de glands et entouré de deux guirlandes de roses.

H. 94 cent.

PETITS CADRES

207 — Petit Cadre Louis XIII, en bois finement sculpté, à feuilles de laurier et doré.

H. de la Vue : 22 cent; L. 16 cent. 1/2.

208 — Petit Cadre ovale Louis XIV, en bois sculpté et doré.

H. de la Vue : 65 millim.; L. 50 millim.

209 — Petit Cadre ovale Louis XIII, en bois sculpté et doré, à fleurs et feuillages.

H. de la Vue : 115 millim.; L. 85 millim.

210 — Petit Cadre rectangulaire de l'époque Louis XIV, en bois sculpté à jour.

H. 80 millim.; L. 55 millim.

211 — Petit Cadre Louis XVI, en bois sculpté et doré, à coins à ressauts, fronton carquois et couronne.

H. de la Vue : 145 millim.; L. 105 millim.

212 — Petit Cadre Louis XIV, en bois sculpté et doré, à fleurs aux angles.

H. de la Vue : 172 millim.; L. 133 millim.

213 — Petit Cadre ovale Louis XIII, en bois sculpté et doré, à fronton, avec peinture sur cuivre : Portrait d'homme cuirassé à longue perruque.

214 — Cadre Louis XIII, en bois doré.

H. de la Vue : 285 millim.; L. 212 millim.

215 — Divers Cadres à Miniatures et petites Peintures.

216 — Objets omis au Catalogue.

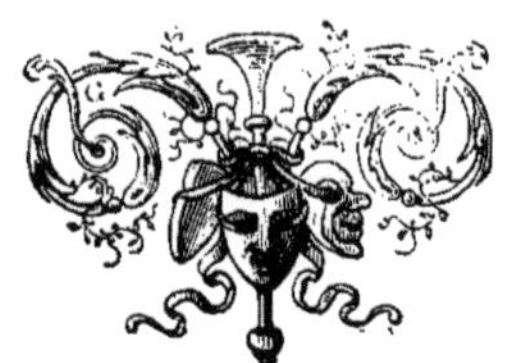

www.ingramcontent.com/pod-product-compliance
Ingram Content Group UK Ltd.
Pitfield, Milton Keynes, MK11 3LW, UK
UKHW022139260726
13993UKWH00005B/2045

9 782329 539812